Le premier épisode psychotique

Guide d'information

Sarah Bromley, erg. agr. (Ont.)

Monica Choi, M.D., FRCPC

Sabiha Faruqui, M. Sc. (erg.)

camh

Centre de toxicomanie et de santé mentale

Un Centre collaborateur de l'Organisation
panaméricaine de la Santé et de
l'Organisation mondiale de la Santé

Catalogage avant publication de Bibliothèque et Archives Canada

Bromley, Sarah, 1969-
[First episode psychosis. Français]
Le premier épisode psychotique : guide d'information / Sarah Bromley,
erg. agréée (Ont.), Monica Choi, M.D. (FRCPC), Sabiha Faruqui, M. Sc. (erg.).

Traduction de : First episode psychosis.
Comprend des références bibliographiques.
Publié en formats imprimé(s) et électronique(s).
ISBN 978-1-77052-599-3 (couverture souple).--ISBN 978-1-77052-600-6 (pdf).--
ISBN 978-1-77052-601-3 (html).--ISBN 978-1-77052-602-0 (epub).--
ISBN 978-1-77114-225-0 (kindle)

1. Psychoses--Ouvrages de vulgarisation. I. Choi, Monica Arrina, 1978-,
auteur II. Faruqui, Sabiha, 1983-, auteur III. Centre de toxicomanie et de
santé mentale organisme de publication IV. Titre. V. Titre : First episode
psychosis. Français
RC512.B7614 2015   616.89   C2015-905283-1
                                          C2015-905284-X

Imprimé au Canada

Il se peut que cette publication soit offerte dans d'autres formats. Pour obtenir des
renseignements concernant les formats de substitution ou d'autres publications
de CAMH, ainsi que pour passer une commande, veuillez communiquer avec le
service Ventes et distribution :
Appels sans frais : 1 800 661-1111
Appels de Toronto : 416 595-6059
Courriel : publications@camh.ca
Cyberboutique : http://store.camh.ca
Site Web : www.camh.ca/fr

Available in English under the title:
First Episode Psychosis: An information guide

Ce guide a été édité par le Service des publications du Centre de toxicomanie et de
santé mentale (CAMH).

3985h / 08-2015 / PM116

Table des matières

Remerciements   v

Introduction   vi

1   Qu'est-ce que la psychose ?   1
Qu'entend-on par « premier épisode psychotique » ?   1

2   Les symptômes de la psychose   3
Symptômes positifs   3
Symptômes négatifs   5
Autres symptômes   5

3   Les phases de la psychose   7
Phase prodromique   7
Phase aiguë   8
Phase de rétablissement   8

4   Les causes de la psychose   10
Stress et psychose   10
Consommation de drogues et psychose   11

5   Les différents types de psychose   13
Schizophrénie   13
Trouble schizophréniforme   14
Trouble bipolaire   14
Trouble schizo-affectif   14
Dépression à caractère psychotique   14
Psychose induite par la drogue ou l'alcool   15
Psychose organique   15
Psychose réactionnelle brève   15
Trouble délirant   16

6   Le traitement de la psychose   17
Évaluation   17
Diagnostic et traitement   18

7   La participation de la famille : enjeux et défis   27

8   La phase de rétablissement   29
     Un dernier mot sur le rétablissement   29

     Références   30

     Ressources   30

Remerciements

Nous remercions les personnes suivantes pour leur contribution à cette édition révisée :
Ofer Agid, M.D.
Crystal Baluyut, M.D., FRCPC
Yarissa Herman, D. Psych., psych. agréée
Mary-Lynn Porto, trav. soc. hosp., M. Sc.S., CHE

Nous tenons aussi à remercier Donna Romano, IA, M. Sc., et Kathryn Ryan, IA, M. Sc. (Sc. inf.), auteures de l'édition originale, ainsi que Jean Addington, Ph. D., qui a effectué la mise à jour du guide en 2007.

Nous souhaitons également exprimer notre gratitude aux patients de la Clinique du premier épisode psychotique et aux familles pour leur contribution à l'édition initiale du présent guide.

Introduction

L'objet du présent guide est de renseigner les personnes qui vivent un premier épisode psychotique et les familles sur la maladie, son traitement et le processus de rétablissement. Une meilleure connaissance des signes et symptômes de la psychose favorise le dépistage précoce et un traitement approprié, améliorant ainsi le rétablissement à la suite de l'épisode psychotique.

Pour les personnes confrontées à la psychose, l'intervention au stade précoce présente de nombreux avantages, dont :
- la minimisation des problèmes secondaires à la psychose, sur les plans du travail ou des études, et des relations humaines ;
- le maintien des compétences sociales et du soutien social ;
- un risque moindre d'hospitalisation ;
- un rétablissement plus rapide et un meilleur pronostic ;
- une minimisation des perturbations de la vie familiale et de la détresse qu'elles engendrent ;
- une résistance moindre au traitement et un risque de rechute moins élevé.

Remarque : Les termes de genre masculin utilisés pour désigner des personnes englobent les femmes et les hommes. L'usage exclusif du masculin ne vise qu'à alléger le texte.

1 Qu'est-ce que la psychose ?

La psychose se définit comme une perte de contact avec la réalité. Lorsqu'une personne a de la difficulté à distinguer ce qui est réel de ce qui ne l'est pas, elle vit un épisode psychotique.

Le premier épisode psychotique survient généralement vers la fin de l'adolescence ou au début de l'âge adulte. Environ trois personnes sur cent connaissent au moins un épisode psychotique durant leur vie. La psychose frappe indistinctement les hommes et les femmes et elle touche toutes les cultures et toutes les couches socio-économiques.

Qu'entend-on par « premier épisode psychotique » ?

L'expression « premier épisode psychotique » désigne la première fois qu'une personne perd contact avec la réalité. Il s'agit souvent d'une expérience terrifiante, caractérisée par la perte des repères. Et les nombreux stéréotypes et préjugés associés à la psychose ne font qu'aviver la détresse de la personne atteinte.

La psychose peut être traitée. Beaucoup de gens arrivent à se rétablir d'un premier épisode psychotique et ne connaîtront plus jamais une telle expérience.

2 Les symptômes de la psychose

La psychose affecte les pensées, les émotions et le comportement. Elle peut être vécue très différemment, selon les personnes. Ainsi, elle peut frapper sans crier gare ou se développer très graduellement.

Les symptômes de la psychose sont généralement répartis en deux catégories : les symptômes « positifs » et les symptômes « négatifs ». Les personnes atteintes peuvent également connaître d'autres symptômes, cognitifs notamment.

Symptômes positifs

Les symptômes positifs sont ceux qui viennent *s'ajouter* aux fonctions normales ou qui les *altèrent*. Au nombre de ces symptômes figurent :

LES IDÉES DÉLIRANTES

Les idées délirantes sont des convictions erronées tenaces, sans fondement dans le milieu culturel. Les personnes qui ont des idées délirantes défendent leurs convictions envers et contre tous,

et même les arguments irréfutables ne suffisent pas à les faire changer d'avis. Parmi les idées délirantes courantes, on peut citer :
· la conviction d'être suivi ;
· la conviction d'être surveillé par des caméras ;
· la conviction de posséder des pouvoirs extraordinaires ;
· la conviction que les paroles de certaines chansons ou certains commentaires recèlent un message caché ;
· la conviction que ses pensées sont contrôlées par une force extérieure.

LES HALLUCINATIONS

Les personnes en proie à la psychose peuvent avoir des perceptions auditives, visuelles, olfactives, gustatives ou tactiles sans fondement objectif. Certaines entendent des voix ou des sons que personne n'entend à part elles, d'autres voient des choses dénuées de réalité, etc. Ces altérations de la perception s'appellent des hallucinations.

LES TROUBLES DE LA PAROLE, DE LA PENSÉE OU DU COMPORTEMENT

Des exemples de trouble de la parole seraient le fait, pour une personne, de sauter constamment du coq à l'âne ou de s'exprimer de façon si embrouillée que ses paroles sont inintelligibles.

La psychose peut également affecter la façon de penser. Les personnes affectées ont de la difficulté à se concentrer et à suivre une conversation. Leurs pensées s'accélèrent ou se ralentissent, s'embrouillent ou deviennent complètement décousues.

Le comportement peut lui aussi devenir désordonné, rendant difficile l'accomplissement des activités de la vie quotidienne : cuisine, soins corporels, etc. Les personnes aux prises avec la psychose peuvent aussi afficher des comportements ou des affects inappropriés : en éclatant de rire en parlant d'un événement tragique, par exemple.

Symptômes négatifs

Les symptômes négatifs correspondent à une diminution ou à une perte des fonctions normales. Ces symptômes sont souvent moins faciles à reconnaître que les symptômes positifs. Au nombre de ces symptômes figurent :
· le déficit de l'expression des émotions, dont l'expression faciale ;
· les troubles de l'élocution ;
· la difficulté à penser clairement ;
· la difficulté à entreprendre des tâches ;
· la baisse d'intérêt par rapport aux relations sociales et la baisse de motivation.

Autres symptômes

Les symptômes psychotiques s'accompagnent souvent d'autres symptômes, parmi lesquels figurent :
· les symptômes cognitifs : perte d'attention, de concentration, de mémoire et de capacité fonctionnelle (p. ex., difficulté à planifier les tâches et à les réaliser dans un certain ordre, et inhibition comportementale) ;
· l'altération de l'humeur : les personnes atteintes peuvent se sentir anormalement surexcitées ou bien déprimées ou anxieuses, ou être en proie à de constantes sautes d'humeur ;
· les pensées ou comportements suicidaires ;
· l'abus d'alcool ou de drogues ;

· les troubles du sommeil ;
· l'altération fonctionnelle.

Confrontées à un épisode psychotique, certaines personnes sombrent dans la dépression et se disent que la vie ne vaut pas la peine d'être vécue. Les personnes qui ont des pensées suicidaires risquent d'essayer de passer à l'acte. En cas d'idéations suicidaires, il faut toujours consulter un professionnel de la santé ou un thérapeute. Quant aux familles, elles peuvent avoir besoin d'aide supplémentaire pour faire face à une pareille situation.

3 Les phases de la psychose

Les épisodes psychotiques comportent trois phases. Néanmoins, les symptômes de ces trois phases ne se manifestent pas claire-ment chez tout le monde ; l'expérience de chacun est différente.

Phase prodromique

La durée de la phase prodromique (annonciatrice) varie, mais elle est généralement de plusieurs mois. Les symptômes de cette première phase – changements aux niveaux des émotions, des pensées, des perceptions et des comportements – peuvent être dif-ficiles à déceler.

Parmi les symptômes prodromiques courants, on peut citer :
· le déficit de concentration et d'attention et le désordre de la pensée ;
· la perte d'énergie et la perte d'intérêt à l'égard des activités habituelles ;
· l'isolement social ;
· les troubles du sommeil ;
· la méfiance ;
· l'irritabilité, l'anxiété et l'humeur dépressive ;

- l'absentéisme à l'école ou au travail ou la détérioration du rendement ;
- l'apparition d'idées fixes, qui peuvent sembler étranges ou inquiétantes à l'entourage.

Ces symptômes sont très généraux et ne sont pas nécessairement indicatifs d'une psychose. Ils pourraient simplement être liés à l'adolescence, par exemple. Il est recommandé aux familles de suivre l'évolution de ces changements : s'ils persistent, il pourrait bien s'agir d'une phase prodromique.

Phase aiguë

Durant la phase aiguë, ou active, il est courant d'éprouver des symptômes psychotiques positifs : hallucinations, idées délirantes et désordre de la pensée, entre autres. Certains symptômes négatifs peuvent également se manifester. La phase aiguë étant la plus facile à reconnaître et à diagnostiquer, c'est durant cette phase que la plupart des gens commencent leur traitement. Plus tôt le traitement est instauré, plus il y a de chances qu'il aboutisse à un rétablissement complet.

Phase de rétablissement

Durant la phase de rétablissement, ou phase résiduelle, les symptômes s'atténuent, sans toutefois disparaître complètement. Après qu'une personne s'est remise d'un premier épisode de psychose, il est possible qu'elle n'en connaisse jamais de second. Pour réduire le risque de rechute, il importe qu'elle continue à prendre ses médicaments et qu'elle suive les autres thérapies recommandées par le médecin et l'équipe de soins.

La durée du rétablissement et le degré d'amélioration varient. Une fois que la personne a répondu au traitement et que les symptômes aigus de la psychose se sont dissipés, elle pourrait encore avoir besoin de soutien pour faire face à la dépression, à l'anxiété, à la perte d'estime de soi, aux problèmes relationnels et aux difficultés rencontrées dans les études ou au travail.

Les membres de la famille peuvent eux aussi avoir besoin de soutien pour faire face à la situation. En cas d'urgence, notamment s'il existe un risque que la personne porte atteinte à son intégrité physique, il faut immédiatement la conduire au service des urgences de l'hôpital le plus proche pour la faire traiter.

Les symptômes de la psychose peuvent se traiter.

4 Les causes de la psychose

La psychose pouvant survenir chez des personnes déjà atteintes de divers troubles mentaux et physiques, il est souvent difficile de savoir ce qui a provoqué le premier épisode. Les recherches montrent que la conjonction de plusieurs facteurs biologiques (dont l'hérédité) rend une personne plus vulnérable, augmentant ainsi son risque de développer des symptômes psychotiques. Un épisode psychotique pourrait donc être déclenché par de nombreux facteurs, dont un événement particulièrement stressant ou la consommation d'alcool ou de drogues. Ces facteurs sont examinés ci-dessous.

Un déséquilibre de certains neurotransmetteurs (substances chimiques produites par le cerveau), dont la dopamine et la sérotonine, peut également contribuer à l'apparition de la psychose.

Stress et psychose

Parmi les sources de stress susceptibles de jouer un rôle dans le déclenchement d'un épisode de psychose, on peut citer :
- le stress corporel : sommeil irrégulier, excès d'alcool, prise de drogues, mauvaises habitudes de vie, mauvaise alimentation,

maladie, etc. ;

· le stress dû à des facteurs extérieurs : mauvaises conditions de logement, manque de soutien social, chômage, tournants majeurs de la vie (p. ex., changement d'établissement scolaire ou nouvel emploi), etc. ;

· le stress émotionnel : problèmes relationnels avec des amis ou des membres de la famille, par exemple ;

· les événements déterminants de la vie : perte d'un être cher, accident, maladie grave, démêlés avec la justice, grossesse ou accouchement, agression physique ou sexuelle ou sévices physiques ou sexuels, etc. ;

· le stress chronique, causé par des problèmes de logement, des problèmes financiers, etc. ;

· l'intimidation sous toutes ses formes : racisme, homophobie, cyberintimidation, etc.

Pour expliquer les effets du stress, des auteurs ont eu recours à l'image du « seau de stress » (Brabban et Turkington, 2002). Chez une personne présentant une vulnérabilité biologique à la psychose, le stress accumulé finit par faire déborder son seau, accroissant le risque d'apparition d'une psychose.

Consommation de drogues et psychose

Certaines drogues, dont les amphétamines, peuvent induire directement une psychose. D'autres, dont le cannabis (marijuana), risquent de déclencher un épisode psychotique en augmentant la vulnérabilité à la psychose. Quand un premier épisode psychotique est lié à la consommation de drogue, il existe aussi le risque que la psychose devienne chronique (persistante).

LE CANNABIS ET LA PSYCHOSE

Il y a plusieurs décennies, le cannabis était considéré comme une drogue « douce », mais on sait à présent qu'il augmente le risque de psychose. Plus la consommation de cannabis débute tôt dans la vie et plus elle est importante, plus la personne risque de connaître une psychose par la suite.

Le cannabis augmente le risque de schizophrénie, indépendamment de la présence d'autres facteurs de risque, tels l'hérédité et le stress. En outre, la consommation régulière de cannabis rend plus difficile le traitement des symptômes de la psychose et elle accroît le risque de rechute (réapparition des symptômes).

5 Les différents types de psychose

Un certain nombre de maladies mentales s'accompagnent de symptômes psychotiques. Au début d'un épisode psychotique, il est souvent difficile de poser un diagnostic précis, car les signes indicateurs sont souvent difficiles à isoler. Il importe donc d'apprendre à reconnaître les symptômes pour en faire part à l'équipe de traitement. Toute question ou préoccupation concernant le diagnostic devrait être portée à l'attention d'un professionnel de la santé mentale. Une évaluation médicale approfondie, permettant d'écarter la possibilité qu'une affection physique soit à l'origine de la psychose, pourrait être indiquée.

Ci-dessous figure une liste de différents types de troubles psychotiques, accompagnés de descriptions sommaires.

Schizophrénie

La schizophrénie est un type de maladie mentale comportant certains symptômes psychotiques qui persistent durant au moins six mois et qui perturbent sensiblement la capacité fonctionnelle. La nature des symptômes et la durée de la maladie varient selon les personnes.

Trouble schizophréniforme

Ce trouble se distingue de la schizophrénie en ce que les symptômes sont présents pendant au moins un mois et ne dépassent pas six mois. Le trouble schizophréniforme peut disparaître complètement ou déboucher sur une autre affection psychiatrique : schizophrénie, trouble bipolaire ou trouble schizo-affectif, par exemple.

Trouble bipolaire

Les personnes atteintes de trouble bipolaire sont davantage sujettes aux troubles de l'humeur qu'aux troubles de la pensée. Elles connaissent parfois une grande exaltation (manie) et sont parfois en proie à la dépression, phases qui peuvent varier en durée et en intensité. Lorsque des symptômes psychotiques se manifestent, leur forme reflète souvent l'humeur du moment. À titre d'exemple, une personne déprimée pourrait entendre des voix qui la dévalorisent, alors qu'une personne en phase maniaque pourrait se considérer comme un être exceptionnel, doté de pouvoirs extraordinaires.

Trouble schizo-affectif

Ce type de psychose commence par se manifester par des symptômes de schizophrénie, auxquels des symptômes d'un trouble de l'humeur viennent se greffer par la suite.

Dépression à caractère psychotique

Il arrive qu'une personne connaisse une dépression grave accompagnée de symptômes psychotiques, mais sans la manie associée au trouble bipolaire. On parle alors de dépression psychotique ou de dépression à caractère psychotique.

Psychose induite par la drogue ou l'alcool

L'alcool et les drogues – marijuana, cocaïne, ecstasy, kétamine, LSD, amphétamines, etc. – peuvent parfois déclencher l'apparition de symptômes psychotiques. Dans les cas de psychose induite par la drogue, une fois les effets de la substance dissipés, les symptômes peuvent soit disparaître d'eux-mêmes, soit nécessiter un traitement médical.

Psychose organique

Des symptômes psychotiques surviennent parfois à la suite d'une maladie physique ou d'une blessure à la tête. En pareil cas, un examen médical complet devrait être réalisé pour écarter ou confirmer la psychose organique. Cet examen pourrait comprendre plusieurs tests ou examens, dont une scintigraphie cérébrale.

Psychose réactionnelle brève

Il arrive que les symptômes de la psychose fassent une apparition subite. Dans certains cas, ils pourraient être le résultat d'un événement particulièrement éprouvant : décès dans la famille, par exemple. Ce type de psychose dure moins d'un mois.

Trouble délirant

Ce type de psychose est caractérisé par des convictions erronées très ancrées. La maladie ne s'accompagne pas de changements de la perception et les personnes atteintes de ce trouble n'ont donc pas d'hallucinations. D'ordinaire, le trouble délirant n'affecte pas les capacités fonctionnelles.

Au début d'un épisode psychotique, le diagnostic est assez difficile et il est souvent nécessaire de faire un suivi des symptômes sur plusieurs mois. À ce stade, il peut donc être préférable d'observer les symptômes et leurs répercussions sur la capacité fonctionnelle de la personne plutôt que d'essayer de poser un diagnostic particulier. Il importe également de savoir que l'expérience de la psychose varie, tant dans son déroulement que dans son aboutissement.

6 Le traitement de la psychose

La psychose se traite et beaucoup de patients se rétablissent très bien de cette maladie. Les recherches semblent indiquer que plus on intervient tôt, meilleurs sont les résultats. C'est pourquoi il est important d'obtenir de l'aide le plus rapidement possible. Or, durant les premiers stades de la psychose, les personnes atteintes ignorent souvent ce qui leur arrive et ne songent pas à se faire traiter. Certaines s'imaginent que ce n'est rien ou que ça va passer. D'autres, conscientes du problème, éprouvent des réticences à l'égard du traitement requis.

Évaluation

Avant de recommander un traitement précis, une équipe de professionnels de la santé mentale (composée d'un psychiatre, d'une infirmière ou d'un infirmier en psychiatrie, d'un ergothérapeute et d'une travailleuse ou d'un travailleur social) procède à une évaluation approfondie. Dans le cadre de cette évaluation figure un entretien approfondi, destiné à permettre à l'équipe de bien comprendre l'expérience de la personne concernée. L'entretien offre aussi à l'équipe l'occasion de rencontrer des membres de la famille et d'obtenir des renseignements permettant de mettre l'apparition des symptômes en contexte.

Le psychiatre recommandera peut-être des analyses sanguines et des examens exploratoires (scintigraphie du cerveau, par exemple) pour écarter la possibilité qu'un trouble physique soit à l'origine des symptômes. Des tests neurocognitifs – portant sur la mémoire, l'attention, le raisonnement, la résolution de problèmes et la rapidité de réflexion – pourraient également être recommandés, car ces tests peuvent mettre en lumière d'éventuels changements cognitifs dus au premier épisode de psychose ; ils peuvent aussi indiquer les chances qu'a la personne de recouvrer un fonctionnement normal.

Diagnostic et traitement

Les renseignements recueillis lors de l'évaluation permettront à l'équipe de déterminer le type de psychose, ses causes possibles et la meilleure façon de venir en aide à la personne, soit dans le cadre de soins ambulatoires, soit dans le cadre de soins hospitaliers. Le traitement combine habituellement une pharmacothérapie à diverses interventions psychosociales (décrites ci-après).

PHARMACOTHÉRAPIE

La pharmacothérapie est généralement une composante essentielle du traitement de la psychose, car elle soulage les symptômes et joue un rôle capital dans la prévention de la rechute.

Les médicaments employés pour traiter les symptômes de la psychose sont des « antipsychotiques », parfois appelés « neuroleptiques ». Ces médicaments sont généralement répartis en deux catégories : les antipsychotiques typiques (de première génération) et les antipsychotiques atypiques (de deuxième génération).

On a de plus en plus recours, en première intention de traitement, aux antipsychotiques atypiques, car ces médicaments présentent un risque moindre d'effets secondaires extrapyramidaux (voir plus loin) que les antipsychotiques typiques. Il est à noter que chacun de ces antipsychotiques de nouvelle génération ayant des d'effets secondaires différents, certains pourraient être mieux tolérés que d'autres, selon les patients.

> **Les antipsychotiques typiques** existent depuis de nombreuses années. Parmi ceux qui sont couramment prescrits, figurent la chlorpromazine, le flupenthixol, la fluphénazine, l'halopéridol, la loxapine, la perphénazine, le pimozide, la thioridazine, le thiothixène, la trifluopérazine et le zuclopenthixol.
>
> Dans la catégorie des **antipsychotiques atypiques, plus récents**, figurent la clozapine (Clozaril), l'olanzapine (Zyprexa), la quétiapine (Seroquel), la rispéridone (Risperdal), la palipéridone (Invega), l'aripiprazole (Abilify), la ziprasidone (Zeldox), la lurasidone (Latuda) et l'asénapine (Saphris).

D'habitude, dans le cas d'un premier épisode psychotique, les gens répondent bien au traitement. Mais il arrive qu'une personne ne continue pas à prendre ses médicaments régulièrement. On peut alors avoir recours à des comprimés à dissolution rapide ou à une formulation injectable à longue durée d'action.

Le médecin commence par prescrire une faible dose de médicament en faisant un suivi étroit des effets secondaires, lesquels se manifestent généralement au cours des premières heures, jours ou semaines suivant l'instauration du traitement. En cas d'effets secondaires, le médecin pourrait diminuer la dose, prescrire un médicament supplémentaire pour atténuer ces effets ou recommander un autre médicament.

Les détails de la pharmacothérapie sont déterminés en consultation avec le médecin. D'ordinaire, quand le premier antipsychotique prescrit n'a pas donné de résultats satisfaisants, le médecin essaie un ou deux autres des médicaments indiqués ci-dessus. Le but visé est de soulager les symptômes à l'aide de la dose la plus faible possible de médicament, en réduisant les effets secondaires à un strict minimum. Il faut savoir qu'il faut compter plusieurs jours, et parfois même plusieurs semaines avant de constater une amélioration des symptômes psychotiques.

Chez les personnes qui n'ont pas bien réagi à d'autres antipsychotiques, la clozapine pourrait donner des résultats. Cependant, on ne la prescrit que lorsqu'au moins deux antipsychotiques standard ont échoué, car elle comporte des risques particuliers, dont la baisse des globules blancs. Même si le risque est minime, les personnes traitées à l'aide de la clozapine doivent faire effectuer une numération hebdomadaire de leurs globules blancs.

Il est essentiel de continuer à prendre l'antipsychotique prescrit même après qu'on a connu un soulagement des symptômes. Lorsqu'on arrête trop tôt la prise du médicament, on court un risque élevé de voir les symptômes réapparaître. La réapparition des symptômes peut d'ailleurs ne se produire que plusieurs mois après l'arrêt du traitement. Il est important de s'informer auprès du médecin pour savoir pendant combien de temps on devra continuer à prendre ses médicaments.

Effets secondaires

La plupart des effets secondaires s'atténuent avec le temps et certaines personnes n'en éprouvent aucun.

EFFETS SECONDAIRES COURANTS

Malgré les désagréments qu'ils occasionnent, les effets secondaires sont rarement graves et ils ont tendance à se dissiper. Parmi les effets secondaires courants, on peut citer la fatigue, la sédation, les étourdissements, la sécheresse buccale, la vision trouble et la constipation.

EFFETS SECONDAIRES EXTRAPYRAMIDAUX
Ces effets secondaires se manifestent par de l'agitation, une rigidité musculaire, des tremblements et des mouvements involontaires anormaux.

Parmi les effets secondaires extrapyramidaux figure la dyskinésie tardive (DT), caractérisée par des mouvements involontaires de la langue, des lèvres, de la mâchoire ou des doigts (le terme « dyskinésie tardive » désigne des mouvements anormaux, qui prennent un certain temps à se manifester). Pour les personnes traitées par un antipsychotique typique, le risque de dyskinésie tardive s'accroît de 5 % par année de traitement. Le risque est donc de 10 % après deux ans de traitement et d'environ 25 % au bout de cinq ans de traitement. On pense que le risque de dyskinésie tardive serait moindre avec les antipsychotiques atypiques, plus récents.

Si une DT se développe, il y a des moyens d'en reconnaître les signes de façon précoce, ce qui permet de modifier rapidement le traitement et de réduire le risque que cette affection persiste ou s'aggrave.

EFFETS SECONDAIRES MÉTABOLIQUES
Tous les antipsychotiques peuvent entraîner une prise de poids, mais le groupe des antipsychotiques atypiques est davantage susceptible de provoquer des effets secondaires métaboliques tels que la prise de poids, l'élévation de la glycémie et du taux de cholestérol et le diabète. De façon générale, ce sont la clozapine et l'olanzapine qui sont associées au risque le plus élevé d'effets métaboliques, suivies de la rispéridone et la quétiapine. On pense que l'aripiprazole, la ziprasidone, la lurasidone et l'asénapine comporteraient un moindre risque d'effets secondaires métaboliques.

La survenue d'effets secondaires métaboliques peut être minimisée par l'adoption d'une bonne hygiène de vie – alimentation saine et activité physique régulière, entre autres.

EFFETS SECONDAIRES HORMONAUX ET TROUBLES SEXUELS
Certains antipsychotiques peuvent entraîner des troubles de la libido et d'autres troubles sexuels, des troubles du cycle menstruel et une production anormale de lait (chez les personnes des deux sexes).

AUTRES MÉDICAMENTS

Pour traiter un premier épisode psychotique, on associe parfois un médicament d'appoint à un antipsychotique.

· Les benzodiazépines sont des sédatifs qui peuvent servir à maîtriser l'agitation de la personne lorsqu'on commence le traitement par une faible dose d'antipsychotique.

· Les antidépresseurs peuvent servir à traiter des troubles concomitants tels que l'anxiété et la dépression.

INTERVENTIONS PSYCHOSOCIALES

Gestion de cas

Quand on se rétablit d'un premier épisode psychotique, on a souvent intérêt à faire appel aux services d'un gestionnaire de cas : infirmière ou infirmier, ergothérapeute, psychologue, travailleuse sociale ou travailleur social ayant reçu une formation en psychiatrie et possédant de l'expérience dans ce domaine. La personne chargée de la gestion de cas coordonne les soins nécessaires. Elle fournit en outre un soutien émotionnel à la personne malade et à sa famille. Quand on traverse un premier épisode de psychose, on peut se sentir désorienté et terrifié. Les rencontres régulières avec le gestionnaire de cas peuvent aider à gérer ces émotions et elles constituent une part importante du rétablissement.

Le gestionnaire de cas peut également fournir des renseignements sur la maladie et son traitement, ainsi qu'une aide pratique sur le plan de la vie quotidienne. Il peut aider la personne à reprendre ses occupations – travail ou études, par exemple, à trouver un logement convenable et à obtenir une aide financière. S'il y a des questions particulières à aborder, le gestionnaire de cas pourrait suggérer de consulter un autre membre de l'équipe de soins. Il pourrait aussi aiguiller la personne vers des programmes communautaires susceptibles de favoriser son rétablissement et de l'aider à réaliser ses objectifs à long terme, dans sa vie professionnelle ou ses études.

Le gestionnaire de cas, ou tout autre membre de l'équipe possédant l'expertise nécessaire, peut offrir les services qui suivent, soit individuellement, soit en groupe. La participation à un groupe est une excellente façon, pour les jeunes qui ont connu un premier épisode psychotique, de recommencer à voir du monde. Elle les aide aussi à se sentir moins seuls dans leur situation.

Psychoéducation

Les psychoéducateurs fournissent des renseignements sur la maladie : ses causes, ses symptômes et la manière de les gérer, ainsi que la manière de gérer les effets secondaires des médicaments. Ils fournissent également des renseignements sur le déroulement de la phase de rétablissement, sur la façon de maintenir un sentiment de bien-être et sur les moyens de prévenir la rechute psychotique. La psychoéducation aide à acquérir diverses compétences liées à la vie quotidienne : gestion du stress et résolution de problèmes, entre autres.

Orientation professionnelle et scolaire

Lorsqu'une personne connaît un premier épisode psychotique, sa vie scolaire ou professionnelle s'en ressent. Elle peut s'inquiéter au sujet de sa capacité à poursuivre son travail ou ses études, ou avoir besoin d'aide pour explorer ses possibilités de carrière. En un tel cas, l'aiguillage vers un ergothérapeute pour du counseling à court terme peut être bénéfique. Les ergothérapeutes examinent les objectifs des gens et ce qui les intéresse et ils font des évaluations centrées sur leurs capacités pour déterminer leurs atouts et leurs points faibles dans le cadre du travail ou des études.

Le gestionnaire de cas peut en outre indiquer à la personne où s'adresser pour trouver un emploi.

Enfin, un aiguillage vers un psychologue pour une évaluation de la fonction neurocognitive (détermination des atouts et des faiblesses relatifs à la cognition) pourrait être utile. Ces renseignements aideront la personne à choisir une voie qui lui convienne et à déterminer les accommodements dont elle pourrait avoir besoin pour réussir, au travail ou dans ses études.

Thérapie cognitivo-comportementale

La thérapie cognitivo-comportementale (TCC) explore le lien existant entre les pensées, les sentiments et les comportements. Le mode de pensée a un effet sur le vécu et les comportements. La TCC peut aider les gens à cultiver une façon de penser plus positive et, par là-même, à opérer un changement au niveau de leur « ressenti » et de leur façon d'agir. On a montré que la TCC aidait les personnes se rétablissant d'une psychose à mieux comprendre les répercussions de la maladie, à mieux gérer le stress et à reconnaître les répercussions de la consommation d'alcool et de drogues sur leurs symptômes. La TCC peut aussi aider les gens à trouver de meilleures façons de faire face à la psychose, d'en atténuer les symptômes et de prévenir la rechute. Cette thérapie peut être offerte en groupe ou de façon individuelle.

Thérapie comportementale dialectique

La thérapie comportementale dialectique (TCD) aide les gens à maîtriser leurs émotions et elle renforce leur capacité à faire face aux situations génératrices d'angoisse. Elle peut être dispensée en séances individuelles ou dans le cadre de séances de groupe. La TCD enseigne à vivre dans le moment présent, à éviter de se laisser submerger par ses émotions et à acquérir des compétences interpersonnelles.

Enseignement cognitivo-comportemental d'aptitudes sociales

L'enseignement cognitivo-comportemental d'aptitudes sociales conjugue les techniques de la TCC et celles de la formation aux aptitudes sociales afin d'aider une personne à réaliser ses objectifs relationnels, comportementaux ou professionnels. La personne apprend à repérer les pensées négatives qui l'empêchent d'atteindre ses objectifs, à les maîtriser et à les remplacer. On lui enseigne aussi des techniques de communication et de résolution de problèmes.

Entretien motivationnel

Tout le monde peut avoir de la difficulté à effectuer des changements dans sa vie. Les gens sont souvent ambivalents à l'égard du changement. Axé sur la collaboration, l'entretien motivationnel (EM) vise à aider les personnes qui souhaitent changer. Il les amène à examiner leur motivation et leur ambivalence à l'égard du changement, et il renforce leur détermination à changer les choses.

Thérapie d'acceptation et d'engagement

La thérapie d'acceptation et d'engagement (TAE) aide les personnes aux prises avec des pensées importunes récurrentes à y prêter attention et à les accepter, en les dissociant de leur identité propre. Elle aide aussi à vivre dans le présent. La TAE permet ainsi d'acquérir une plus grande souplesse psychique ; elle renforce l'engagement des gens à l'égard de leurs valeurs fondamentales et elle les aide à accorder leurs actions avec leurs valeurs.

Méditation de la pleine conscience

La pleine conscience est « la prise de conscience qui émerge quand on porte son attention sur le moment présent, instant après instant, de façon intentionnelle et sans jugement de valeur » (Kabat-Zinn, 2003). C'est une compétence qui s'apprend et qui favorise la prise de conscience de soi et la relaxation, ainsi que la capacité de faire face aux situations difficiles et de maîtriser ses émotions.

Enseignement de l'adaptation cognitive

Une personne en proie à la psychose peut aussi connaître des troubles cognitifs, dont une difficulté à résoudre les problèmes, ce qui complique grandement la vie. L'enseignement de l'adaptation cognitive aide à pallier ces troubles cognitifs et à mieux se débrouiller au quotidien, notamment pour la prise des médicaments et les soins corporels. Après qu'une évaluation complète a été effectuée, des dispositifs de soutien appropriés (p. ex., papillons et listes de vérification) sont mis en place chez la personne.

Traitement des troubles concomitants

Les recherches montrent que lorsqu'une personne atteinte de psychose a aussi des problèmes d'alcoolisme ou de toxicomanie, il est plus profitable de traiter simultanément les deux conditions. C'est pourquoi les programmes d'intervention consacrés au premier épisode psychotique offrent également un traitement de l'alcoolisme et de la toxicomanie. Le traitement de l'alcoolisme ou de la toxicomanie peut être dispensé dans le cadre du programme ou fourni par un organisme extérieur. Parmi les services offerts peuvent figurer l'évaluation, le counseling individuel ou de groupe et les séances d'information portant sur les substances psychoactives et leurs répercussions sur les symptômes de la psychose, sur la gestion de la médication, sur la gestion du stress et sur la prévention de la rechute.

7 La participation de la famille : enjeux et défis

Un premier épisode psychotique plonge souvent la conjointe ou le conjoint et le reste de la famille dans un grand désarroi, doublé d'un sentiment d'impuissance. Pourtant, la participation de la famille au traitement est un élément essentiel du plan de rétablissement. Les membres de la famille ont un rôle important à jouer au sein de l'équipe de traitement, à qui ils peuvent fournir des renseignements précieux sur les symptômes psychotiques et leur évolution, ainsi que sur les capacités fonctionnelles de la personne avant l'apparition de la maladie. Mais il importe également que les membres de la famille prennent soin d'eux-mêmes, en se faisant aider par des professionnels, au besoin.

La collaboration avec l'équipe de traitement donne aux membres de la famille l'occasion de s'informer sur la nature de la maladie et sur les possibilités concrètes de traitement. Elle leur permet aussi de recevoir des conseils sur la façon d'aider la personne malade et de communiquer avec elle (notamment en s'exprimant posément et clairement et en évitant de la submerger de détails). Il importe également que la famille sache que la personne aura besoin de temps pour se rétablir et qu'elle ne pourra sans doute pas, dans l'immédiat, participer pleinement à toutes les activités de la vie quotidienne. Quand on se rétablit d'une psychose, il est généralement préférable de reprendre graduellement ses tâches et activités.

De nombreuses familles trouvent qu'elles ont besoin de stratégies d'adaptation et de techniques efficaces de communication pour venir en aide à leur proche atteint de psychose. Le counseling familial individuel, les ateliers de psychoéducation et les groupes de soutien permettent d'acquérir ces compétences.

Ces groupes et ateliers peuvent aussi fournir un soutien émotionnel et pratique aux familles, ainsi que des informations sur la psychose. Par ailleurs, afin de parer à l'épuisement, il est essentiel que les membres de la famille évitent de négliger leurs propres besoins en aidant leur proche à se rétablir, et qu'ils prennent le temps nécessaire pour se ressourcer.

Publié par CAMH, le livre *Promouvoir le rétablissement à la suite d'un premier épisode psychotique : Guide à l'intention des familles* est également une ressource précieuse pour les familles.

8 La phase de rétablissement

Toute personne aux prises avec un premier épisode psychotique devrait prendre une part active à son traitement et s'impliquer dans son rétablissement. Elle devrait donc s'informer sur sa maladie, les diverses formes de thérapies et les moyens de prévenir la récidive. On a de meilleures chances de se rétablir quand on apprend à reconnaître les signes avant-coureurs ou les symptômes de la maladie, qu'on parvient à gérer son stress, qu'on organise son propre réseau de soutien social et qu'on s'adonne à des activités qu'on aime : travail, études, activités de loisirs, etc.

Un dernier mot sur le rétablissement

Le mode de rétablissement d'un premier épisode psychotique varie. Il arrive que les symptômes disparaissent rapidement et que l'on puisse immédiatement reprendre une vie normale, mais il faut parfois des semaines ou des mois pour se rétablir et on peut alors avoir besoin de soutien à long terme.

Ce qu'il faut retenir, c'est que la psychose est une maladie qui se traite et qu'on se rétablit souvent très bien.

Références

Brabban, A. et D. Turkington. « The search for meaning: Detecting congruence between life events, underlying schema and psychotic symptoms », dans A. P. Morrison : *A Casebook of Cognitive Therapy for Psychosis*. Hove, Angleterre, Brunner-Routledge, 2002

Kabat-Zinn, J. « Mindfulness-based interventions in context: Past, present, and future ». *Clinical Psychology: Science and Practice*, n° 10(2), 2003, p. 144-156

Ressources

Martens, L. et S. Baker. *Promouvoir le rétablissement à la suite d'un premier épisode psychotique : Guide à l'intention des familles*, Toronto, CAMH, 2011.

Association canadienne pour la santé mentale : www.cmha.ca/fr

Centre de toxicomanie et de santé mentale (CAMH) : www.camh.ca/fr

Psychose 101: www.psychosis101.ca/fr

Ontario Working Group for Early Psychosis Intervention : www.epion.ca (en anglais)

Autres titres de la série de guides d'information

La dépression

La psychose chez les femmes

La schizophrénie

La thérapie cognitivo-comportementale

La thérapie de couple

La toxicomanie

Le double diagnostic

L'espoir et la guérison après un suicide

Le système ontarien de services psychiatriques médico-légaux

Le trouble bipolaire

Le trouble de la personnalité limite

Le trouble obsessionnel-compulsif

Les femmes, la violence et le traitement des traumatismes

Les troubles anxieux

Les troubles concomitants de toxicomanie et de santé mentale

Pour commander ces publications et d'autres ressources de CAMH, veuillez vous adresser à Ventes et distribution :
Tél. : 1 800 661-1111
À Toronto : 416 595-6059
Courriel : publications@camh.ca
Cyberboutique : http://store.camh.ca

www.ingramcontent.com/pod-product-compliance
Lightning Source LLC
Chambersburg PA
CBHW060704280326
41933CB00012B/2304